Texte détérioré — reliure défectueuse

NF Z 43-120-11

Maurice **BESSEY**.

CHALONS-SUR-MARNE
A. ROBAT, IMPRIMEUR-ÉDITEUR, RUE D'ORFEUIL, 3.
1911

LE CHATEAU DE COUZAN

Nº

LE CHATEAU
DE COUZAN

NOTICE

Historique et Descriptive

ACCOMPAGNÉE DE NOMBREUX DESSINS

par

Maurice BESSEY

CHALONS-SUR-MARNE

IMPRIMERIE-LIBRAIRIE, A. ROBAT, RUE D'ORFEUIL, 3

1911

A

Monsieur le Comte

OLIVIER DE FONTANGES DE COUZAN

LETTRE

de M. le Comte Olivier de Fontanges de Couzan

A L'AUTEUR

Château de Noyers, près les Andelys, 23 Mai 1911.

MONSIEUR,

Je me souviens fort bien avoir lu votre intéressant travail sur le Château de Couzan, et c'est un grand plaisir pour moi d'en accepter la dédicace.

La façon pittoresque dont vous avez su présenter cette description et les jolis dessins qui l'agrémentent, feront vivement apprécier votre travail si plein de charme et d'intérêt. Aussi, c'est avec une entière confiance que je lui souhaite tout le succès qu'il mérite.

Croyez, etc...

Comte Olivier DE FONTANGES DE COUZAN,

AVANT-PROPOS

Je laisse à une plume plus autorisée que la mienne le soin de raconter les hauts faits des sires de Couzan. Je n'ai eu pour but, en écrivant cet opuscule, que de traduire les étranges impressions que j'ai éprouvées naguère, ainsi que plusieurs de mes amis, au cours d'une excursion à travers les ruines de leur vieille demeure féodale.

Durant quelques instants, les échos du manoir solitaire, réveillés au bruit de nos pas, nous ont entretenus de la piété, de la vaillance, de l'ardeur toute chevaleresque de nos aïeux. Le décor fantastique des tours et des murailles crénelées ont éveillé subitement dans notre esprit tout un monde de souvenirs, et, l'imagination aidant, nous nous sommes crus un instant transportés aux plus beaux jours de la chevalerie.

Dans notre ardeur enthousiaste, il nous a semblé voir défiler sous les arceaux de pierre, dans les détours du château, les fiers barons d'autrefois, suivis du cortège imposant de leurs hommes d'armes et assister, spectateurs émerveillés, aux scènes les plus émouvantes du grand drame féodal.

J'ai recueilli avec soin toutes ces impressions et dans l'espoir d'être agréable à ceux qu'intéressent le vieux château féodal et son passé mystérieux, je les livre au public en une brochure de quelques pages, ornée de dessins représentant, sous leurs aspects les plus pittoresques, les ruines augustes de l'antique citadelle.

Maurice BESSEY.

N.-B. — Les archives du château de Couzan n'ont pas encore été dépouillées. Ce travail n'a donc pas la prétention d'être complet, ni même d'être d'une parfaite exactitude. Sur le terrain à peine défriché de notre histoire locale, sans jalon ni point de repère certains, il n'est pas facile de tenir la bonne voie. Si donc une erreur s'est glissée dans ce travail, toute rectification de nature à la dissiper sera reçue avec reconnaissance 55, rue Grande-Etape, Châlons-sur-Marne.

M. B.

LE CHATEAU
DE COUZAN

CHAPITRE Ier.

**Projet d'excursion. — En route. — A la file in-
dienne à travers les prairies. — Les bords du
Lignon. — Sail-sous-Couzan. — Ascension du
pic de Couzan.**

Depuis longtemps j'avais proposé à quelques amis
une excursion au château de Couzan, vieux manoir
féodal qui dresse encore ses murailles crénelées sur
l'un des derniers contreforts des monts du Forez.

Tel est encore l'attrait de ces ruines grandioses que
ma proposition avait été acceptée sur-le-champ, mais,
pour goûter pleinement le charme de notre promenade,
nous nous étions résignés à attendre jusqu'au retour
de l'été.

Le jour fixé d'un commun accord arrive enfin.

Dès la veille, je me rends à Boën pour recevoir mes amis à leur descente du train et arrêter avec eux, dans l'un des hôtels confortables de la ville, les dernières dispositions de notre voyage. Nous causons, nous rions, nous soupons du meilleur appétit, heureux de nous retrouver tous frais et dispos et formant des vœux pour le succès de notre expédition.

Un ciel serein, où scintillent des milliers d'étoiles, nous présage un lendemain magnifique, ensoleillé, avec des concerts d'oiseaux dans les taillis et des brises fraîches folâtrant dans la vallée. Le cœur plein d'espoir, chacun s'en va prendre un peu de repos en attendant que le soleil se lève de nouveau derrière les montagnes du Matin.

Dès que l'aube blanchit la crête des collines, nous nous mettons en route, laissant derrière nous la petite cité qui s'éveille à peine, et, tout en devisant des surprises de la journée, nous marchons allègrement sur la grande route poudreuse.

Bientôt cependant nous abandonnons la route monotone et nous nous engageons, à la file indienne, par l'étroit sentier qui serpente sous l'herbe déjà haute des prairies, côtoyant tout du long cette charmante rivière du Lignon, dont le nom résonne amoureusement à travers nos souvenirs littéraires.

Anémones, pervenches, blanches pâquerettes, toutes ces aimables fleurs des champs se balancent avec grâce sur leur tige légère, comme pour saluer au passage notre petite caravane, et chacun de nous, de cueillir à droite, à gauche, ses fleurs préférées, de les assembler avec plus ou moins de bonheur en un petit bouquet, frais et délicat, dont il fleurit sa boutonnière.

Soudain la montagne s'écarte devant nous, et le vieux château des sires de Couzan nous apparaît, encore tout embrasé des feux du soleil levant, profilant sur le

L'Eglise de Sail-sous-Couzan.

ciel la dentelle de ses crénaux et le contour de sa grosse tour ronde. Nous saluons avec une joie respectueuse le vieux manoir féodal, dont les ruines imposantes et superbes semblent veiller encore sur le pays d'alentour.

Enfin, après une heure de marche, nous arrivons dans le joli bourg de Sail-sous-Couzan, agréablement situé au bord de la petite rivière forézienne, au pied du mont qui porte les ruines de l'antique forteresse.

Le Château et la Chapelle de Couzan.

Le village, hier encore pauvre et sans importance, respire aujourd'hui l'aisance et la prospérité, avec ses maisons neuves se prolongeant en bordure de la route, ses belles promenades ombragées de tilleuls et son établissement thermal, dont les lignes élégantes se dérobent derrière des massifs de fleurs et de verdure.

La Fée des Eaux a opéré cette merveilleuse transformation en faisant jaillir, des profondeurs du rocher, ces sources d'eau minérale dont le pays est si fier.

Au centre du village et dominant l'épais feuillage de deux gros platanes, s'élève le clocher carré, percé de fenêtres romanes, que surmonte le disque blanc de l'horloge communale.

Malgré l'heure encore matinale, les rues du village commencent à s'animer du va-et-vient des travailleurs et déjà on entend les artisans échanger à haute voix. tout en vaquant à leurs travaux, leurs prévisions sur la belle journée qui se prépare. Nous complétons à la hâte nos provisions de voyage, puis nous commençons, sans plus tarder, l'ascension de la colline.

Le chemin qui conduit au château s'élève bientôt, par une rampe assez forte, au-dessus des toits rouges du village, à travers les vignes du coteau. Vingt minutes à peine, et nous voilà sous les murs à moitié éboulés de la première enceinte.

Grâce à l'amabilité obligeante de M. Marchand, gardien du château, la modeste porte de bois qui ferme actuellement l'entrée de la forteresse, s'ouvre devant nous et nous pouvons explorer à loisir ces ruines augustes, toutes remplies de chevaleresques souvenirs.

CHAPITRE II.

L'entrée du Château. — Curieuse « Pierre de la Dîme. — Le vieux puits et les armes de Couzan. — Les murailles d'enceinte et les fortifications extérieures.

Le temps a comblé le fossé extérieur et emporté les restes du pont-levis qui donnait accès dans la forteresse. Un sombre corridor, de la voûte duquel des pierres désagrégées semblent prêtes à se détacher comme pour intimider le profane qui tenterait de troubler la solitude de ces demeures, conduit à l'intérieur du château. Nous passons, à la hâte et le cœur serré, sous cette voûte menaçante, qui résonne étrangement au bruit de nos pas précipités.

Quel spectacle lamentable s'offre soudain à nos regards! A gauche, à droite, ce ne sont que salles effondrées, murailles éboulées, tours croulantes, que le lierre étreint dans ses rameaux et recouvre de son feuillage, comme pour en retarder la disparition. Quelques masures appuyées contre le mur d'enceinte et dans un état de ruines plus ou moins avancé, c'est tout ce qu'il reste de ce qui fut autrefois les communs du château, écuries, étables, fauconnier, chenil, etc...

La dernière de ces constructions servait d'habita
tion aux officiers, pages et écuyers du château. Ses
appartements étaient récemment encore peu endom-
magés, mais en ces derniers temps sa toiture s'est
effondrée, entraînant dans sa chute le manteau de
plusieurs belles cheminées dont on admire encore
quelques vestiges appendus aux murailles. Sur le

L'Entrée du Château.

linteau de la porte apparaît, en relief sur la pierre et
surmontée d'une accolade, la belle croix ancrée des
sires de Couzan.

Nous poursuivons notre marche à travers un amon-
cellement de débris arrachés aux murailles et dispa-
raissant à demi sous les ronces. Çà et là, d'énormes
blocs taillés laissent voir à travers les broussailles des

figures sculptées, des inscriptions plus ou moins muti-
lées, dont le sens nous échappe.

Voici, oubliée au bord du sentier, la curieuse Pierre
de la Dîme, que les visiteurs se montrent toujours avec
un vif intérêt. C'est un cube de granit creusé en forme
de cuvette quadrangulaire et pouvant contenir une
quarantaine de litres. On s'en servait autrefois pour
mesurer le blé, les grains et autres redevances dues au
seigneur. Trois de ses faces sont sculptées, deux d'entre
elles présentent une tête radiée comme pour symboliser
le soleil, la troisième porte une figure allongée qui,
avec sa bouche ouverte et ses yeux clos, semble vouloir
tracer l'image du sommeil ou de la mort.

Confiant dans ses biceps robustes, notre ami Georges
passe ses deux mains sous l'un de ses angles et s'efforce
de la soulever, ou tout au moins de la déplacer. Peine
inutile ! « L'union fait la force », nous crie t-il pour
nous inviter à joindre nos efforts aux siens. On lui
vient en aide, mais peine perdue derechef : la pierre
semble retenue au sol par de solides attaches, que,
malgré tous nos efforts, nous ne parvenons pas à
rompre.

Un peu plus loin, un toit rustique supporté par une
charpente en bois abrite le treuil du grand puits, dont
la margelle de pierre, bien qu'effritée par le temps,
laisse voir encore de belles formes sculpturales.

Le puits, large et profond, a été creusé au commence-
ment du XVIᵉ siècle, à la base même de l'énorme rocher
qui porte la citadelle et, malgré cette proximité défa-
vorable, de mémoire d'homme on ne l'a jamais vu à
sec.

Sa paroi est tapissée d'une variété de fougère très rare, dont les botanistes ne manquent pas d'enrichir leurs herbiers. Ces fougères prennent racine dans les interstices des pierres et forment un fourré épais de leurs tiges entremêlées. Elles montent de l'intérieur

Ancienne Cuisine.

et arrivent jusque près de l'orifice, mais moins vigoureuses et moins denses. Nous nous penchons sur le bord pour en cueillir quelques unes à bout de bras, prenant garde toutefois que notre centre de gravité, déplacé outre mesure, ne nous entraîne tête première dans l'eau qui là-bas réfléchit notre image.

Un magnifique écu (1), aux armes écartelées des Damas et des Lévis avec les armes des Lavieu-Feugerolles en abime, apparaît sur une pierre, ostensiblement enchassée dans la maçonnerie, comme pour en attester l'origine féodale.

Un peu plus loin, se trouve le grand portail qui permet de rejoindre en quelques pas l'ancien chemin de Saint-Georges. Cette voie était naguère le seul débouché de la région montagneuse. Les vieillards de Sail se souviennent encore d'avoir vu, dans leur jeune âge, « *lou montagnats* », au parler rude et à la barbe fruste, de Chalmazel et de Jeansagnère, descendre par ce chemin pittoresque, avec leurs mulets chargés de planches ou de rondins de sapin.

L'enceinte, assez vaste pour abriter aux heures d'alarme toute la population des alentours, était renforcée par des tours semi-circulaires, distantes les unes des autres d'une portée d'arbalète et formant saillie en dehors de la ligne des murailles, pour per-

____

(1) Aidés de nos souvenirs, nous essayons de déchiffrer le langage héraldique de ce précieux document et nous constatons avec joie, sur le témoignage de la croix ancrée du 2° et du 3° quartier, que les seigneurs de Damas prirent une part active au grand mouvement des croisades.

Le lambel en chef du 1er et du 4° quartier nous instruit qu'après l'extinction de la noble race des Damas, le château passa à la branche cadette des Lévis. Les besans, qui chargent chacun des trois pendants, signifient que des représentants de cette famille firent le pèlerinage de Terre Sainte. Les 3 chevrons brisés, symbolisant 3 membres brisés, nous laissent entendre qu'un Lévis paya généreusement de sa personne dans quelque sanglante rencontre.

L'écusson des Lavieu, posé en abime, nous apprend enfin qu'une fille de cette illustre maison épousa un Lévis qui prit dès lors le double titre de seigneur de Couzan et de Lavieu.

mettre de prendre de flanc les assaillants.

Un chemin de ronde, reconnaissable à quelques vestiges dissimulés sous le feuillage, courait d'une tour à l'autre sur tout le pourtour de l'enceinte. Trois remparts successifs, dont il ne reste plus trace, mais visibles encore dans le croquis que Guillaume Revel nous a tracé de Couzan vers 1470, complétaient la défense, au nord.

Un petit bois de pins occupe aujourd'hui le talus qui de la cour intérieure monte jusqu'au pied des murailles de la citadelle. Des tables et des bancs rustiques, disposés avec intelligence aux points d'où la vue est la plus intéressante, où l'ombrage a le plus de fraîcheur, nous invitent à reprendre haleine et volontiers nous perdons quelques instants à reposer nos jambes fatiguées, à respirer en paix l'air pur du matin, à écouter la mélodie de la brise qui se joue dans la ramure frémissante des pins et dans l'embrasure des créneaux en ruines.

CHAPITRE III.

La citadelle et ses moyens de défense. — La Tour du Nord. — L'enceinte supérieure.

Nous sommes au pied de la citadelle. Par suite de la déclivité du rocher sur lequel elles reposent, les murailles atteignent de ce côté leur plus grande hauteur, mais la tour géante du donjon domine encore à l'ouest leur faîte démantelé.

La grande façade du château se déploie devant nous, large, puissante, nous écrasant de sa masse formidable. « Quelle main de géant, nous disons-nous, a pu jeter sur ce rocher un pareil assemblage de murailles, de tours et de créneaux ! »

Nous pénétrons sous le portail de pierre qui donne accès dans la citadelle. Encore un effort pour gravir une dernière rampe, franchir les blocs tombés des parties hautes de l'édifice et nous voilà sur le seuil de l'enceinte supérieure, qui couronne le sommet de l'énorme rocher granitique.

La Tour du Nord se compose de quatre hautes et solides murailles, bâties sur un plan rectangulaire et flanquées aux angles d'échauguettes, petites tours circulaires, reliées entre elles par des courtines épaisses. Ces courtines étaient elles-mêmes couronnées d'une ceinture de hourds, charpente disposée en encorbellement pour permettre aux défenseurs de battre le pied des murailles. Un chemin de ronde assurait la

La Pierre de la Dîme.

circulation des défenseurs et le ravitaillement des munitions.

L'ennemi avait-il escaladé les murailles de la triple enceinte et pénétré dans la grande cour, la citadelle brisait de nouveau son élan et entretenait l'espérance au cœur de ceux qui avaient pu se réfugier dans l'enceinte supérieure.

Notre curiosité s'éveille de plus en plus, et, dans le secret espoir de découvrir quelque souvenir historique, quelque relique de ces vieux âges disparus sans retour, nous nous élançons avec impatience à travers le chaos de ces ruines gigantesques. Salles vides, tourelles, postes de guetteur, rien n'échappe à nos impatientes recherches.

Nos regards émerveillés se fixent tantôt sur une cheminée monumentale sous laquelle un arbre entier pourrait flamber à l'aise, tantôt sur des fenêtres aux croisillons finement sculptés, sur des tours d'angle qui semblent comme suspendues dans le vide, ou même ils s'essaient à suivre dans les airs un pan de mur qui monte très haut et ne se tient debout que par un prodige d'équilibre.

Çà et là, au linteau d'une porte, d'une fenêtre, sur le manteau d'une cheminée, apparaissent les armes seigneuriales, comme pour revendiquer les droits du maître absent : « Fiers chevaliers d'autrefois, reviendriez-vous un jour faire refleurir dans cette enceinte les vertus antiques et enrichir de quelques nouveaux faits d'armes l'épopée féodale ? »

Encore un pas et nous sommes sur la cour supérieure que domine la masse imposante du donjon et qu'entourent de hautes murailles crénelées se dressant audacieusement au midi, sur le bord d'un énorme rocher à pic. Deux belles fenêtres ouvrent à nos regards deux échappées de vue magnifiques sur la profonde vallée du Lignon et sur la plaine ensoleillée du Forez.

CHAPITRE IV:

Le Donjon et les Oubliettes.

A l'ouest, le donjon dresse encore avec orgueil son large fût cylindrique. Tout autour de lui ce ne sont que murailles renversées, tours découronnées; la colline même a été dépouillée des chênes qui l'abritaient : seul l'antique donjon est resté à peu près intact dans sa robe de pierre, qu'un feuillage de lierre ornemente de franges vertes.

Construit vers la fin du xiie siècle, sur le modèle de ces grosses tours rondes de l'Orient, dont les lignes harmonieuses et puissantes avaient fait l'admiration des Croisés, le fier donjon s'élève à près de cent cinquante pieds au-dessus de la cour basse du château et domine encore d'une cinquantaine de pieds l'enceinte supérieure.

Le colosse mesure plus de cinq mètres de diamètre intérieur et présente une épaisseur de muraille de 1m50 à la hauteur du premier étage. Un chemin de ronde reliait le donjon à une haute tour carrée aujourd'hui ruinée, puis à la citadelle elle-même. Un escalier dissimulé dans l'épaisseur de la muraille, mais dont l'entrée est encore visible, conduisait aux étages supérieurs. Des fenêtres dominaient au midi la cour inférieure, des postes de guetteurs ménagés dans toutes

Le Puits.

les directions permettaient de surveiller tous les points de l'horizon.

Avec sa muraille épaisse et son entrée élevée de plusieurs pieds au-dessus du sol, sans parler même des murs crénelés qui en défendaient les abords, le donjon constituait à lui seul une autre forteresse dont la vue rendait l'espérance aux assiégés et retrempait leur courage.

Des milliers de noms et de dates gravés sur le ciment, à la pointe du couteau, attestent la multitude des visiteurs et la puérile vanité de beaucoup d'entre eux.

A l'aspect des murailles ainsi criblées de lettres et de chiffres, Auguste ne peut se défendre d'une réflexion amère : « *Stultorum nomina ubique jacent !* » nous dit-il en bon latin, et nous de traduire aussitôt en langue vulgaire : Le nom des fous se trouve partout ! »

Une porte de guetteur ménagé dans l'épaisseur de la muraille permet à nos regards de remonter l'étroite vallée du Chagnon jusqu'aux premières maisons de Praval.

Nous formons des vœux pour qu'un donateur généreux fasse aménager en belvédère le sommet de la tour. On y accéderait par un escalier en spirale, ménagé dans l'intérieur, comme cela se voit dans certains autres châteaux, dans celui de Châtillon-d'Azergues par exemple. L'horizon reculerait alors, du côté ouest, jusqu'aux Bois-Noirs, aux teintes bleuies par l'éloignement, et jusqu'aux sommets de Pierre-sur-Haute, d'où la neige se retire à peine deux mois de l'année.

Au-dessous du donjon se trouvent les fameuses oubliettes, noirs cachots où le seigneur enfermait ses sujets rebelles ou ses prisonniers de guerre.

Une double ouverture par laquelle nous passons en nous courbant jusqu'à terre, nous introduit dans une chambre de forme circulaire, qu'une cloison menée suivant le diamètre partage en deux hémicycles.

Nous avançons en longeant prudemment la muraille afin de laisser l'entrée libre à la lumière et bientôt nous distinguons, dans la demi-obscurité, l'orifice béant qui semble attendre encore quelque victime. On y descendait le prisonnier à l'aide de cordes, comme dans un tombeau, puis l'on scellait au-dessus de sa tête la lourde pierre de l'ouverture.

Le sol, vaguement éclairé par la lumière blafarde qui pénètre latéralement par d'étroites meurtrières, apparaît profond d'une dizaine de pieds et semé de

Le Donjon, côté nord.

cailloux que le caprice des visiteurs y a jetés. Les scènes tragiques dont ces murailles furent témoin, hantent fortement notre esprit et nous croyons percevoir encore, à travers un bruit de chaînes, le soupir affaibli d'un de ces malheureux que la tyrannie féodale ou le sort des batailles retenaient enfermés dans ces sombres souterrains.

Mais voici que, sans mot dire, notre ami Georges a escaladé la muraille d'enceinte et se promène triomphalement sur le chemin de ronde.

D'un air narquois, il nous invite à le suivre : « Allons, mes amis, nous crie-t-il, donnez-vous la peine de monter, vous ne regretterez ni votre peine, ni votre argent. » Et, ce disant, il nous tend la poignée recourbée de sa canne pour nous venir en aide.

Le gros Louis s'en saisit et s'essaie à grimper en s'aidant de ses pieds, de ses mains, de ses genoux, mais il ne lui est pas facile d'esquiver la loi de la pesanteur, qui s'exerce, inéluctable, sur son petit corps ramassé en boule. Nous l'aidons de notre mieux. Enfin, tiré par devant, poussé par derrière, il met un genou sur le chemin de ronde, puis se redresse tout fier d'un si bel exploit.

Auguste et moi nous grimpons après lui, en nous prêtant un mutuel appui. Enfin nous voici tous les quatre sur le haut de la muraille d'où, accoudés sur le parapet de pierre, nous laissons nos regards s'égarer jusqu'aux horizons lointains.

CHAPITRE V.

Vue superbe sur la plaine du Forez. — Le pays
de l'Astrée. — Le mont Uzore. — Les étangs
d'Arthun et la forêt de Bas. — Les montagnes
du Matin. — La chaîne des Alpes.

A la ligne ondulée des arbres qui bordent ses rives,
nous pouvons suivre du regard le Lignon à travers les
prairies verdoyantes jusqu'au moment où il disparaît
derrière le promontoire de Leigneux. Grâce à un
fléchissement des collines, nous le retrouvons un peu
plus à droite, à son entrée dans la plaine ; mais déjà il
s'est enfoncé dans l'ombre d'une forêt de saules et de
peupliers, où il nous dérobe les méandres et les reflets
de ses eaux.

Voici briller au soleil le toit d'ardoise du château de
La Bastie, illustré par le séjour d'Honoré d'Urfé, le
chantre inspiré des amours de Céladon et d'Astrée.

C'est là, sur les bords du « *doulx-coulant* » Lignon,
près de la « *fontaine de vérité d'amour* » que les Hylas,
les Sylvandre, les Phylis et les Lycidas aimaient à

tenir leurs propos *« d'honneste amitié »*. C'est là que Céladon conçut pour son Astrée un feu tel que, disait il, « *il ne s'esteindrait que sous la pierre de son tombeau !* »

En effet, le paysage favorise admirablement les épanchements de l'âme, avec ses chemins solitaires, bordés de saules aux rameaux languissants, sa forêt d'aulnes et de peupliers s'étendant sur les deux rives d'une jolie rivière, aux ondes murmurantes, et ses vertes prairies où paissent encore de blancs troupeaux sous la garde de jeunes bergères, douces comme l'Astrée du roman.

Non loin de là « *s'élève en pointe de diamant au milieu de la plaine* » la butte volcanique de Montverdun. Les murs cendrés d'un ancien prieuré en couronnent le sommet, que surmonte la pittoresque silhouette d'un clocher roman.

À droite, voici le mont Uzore (540 m.), que sa cime altière et boisée et sa croupe dénudée ont fait comparer à un « *lion couché dans la plaine* ». Sa masse sombre s'interpose comme un écran entre l'horizon et nous, pour nous dérober la nappe liquide de l'Etang du Roi et les ruines féodales du château de Montrond.

Un abaissement des montagnes nous permettrait d'apercevoir, un peu plus à droite, le château restauré des séigneurs de Marcilly, et plus loin, dans la corbeille de verdure formée par les platanes de ses boulevards, la ville ancienne de Montbrison avec ses maisons basses, sa belle église Notre-Dame d'Espérance, la tour du baron des Adrets et le dôme de son Palais de Justice.

Sur la gauche, la route de Boën à Feurs se développe droite et régulière, comme un long ruban tendu perpendiculairement au cours de la Loire. Plus près de nous, les étangs de M. de Neufbourg font miroiter au soleil leur onde paisible, dont un souffle léger vient, de temps à autre, brunir la surface.

Plus loin, cette tache sombre au milieu de la plaine,

Echauguette.

c'est la forêt de Bas; où, suivis de meutes bruyantes, les nemrods foréziens vont traquer chevreuils et sangliers. La fumée blanche d'un express, qui file à toute vapeur vers de lointains horizons, attire un instant nos regards, puis se perd dans le brouillard qui s'élève du fleuve.

Çà et là, la plaine sombre s'égaie d'une multitude

de maisons blanches, qui se serrent autour d'un clocher ou s'égrènent le long des routes et des chemins.

Voici Sainte-Agathe, le hameau de la Bouteresse et son champ de foire. Voici encore, à travers la plaine, les villages de St-Etienne-le-Molard, de Nervieux, etc., et là-bas, vers le confluent du Lignon et du Vizézy, les toits rouges de Poncins se laissent deviner derrière les arbres qui ombragent les bords de ces deux cours d'eau.

Un peu plus loin, sur la rive droite de la Loire, se trouve la petite ville de Feurs, capitale primitive du pays, et encore tout émue d'avoir vu tomber, sous le couperet, de la guillotine du conventionnel Javogues, les têtes les plus illustres et les plus vénérables du Forez (1).

Au-delà du fleuve, des amas de points blancs, éclairés par les rayons du soleil fusant au travers des nuages, figurent les innombrables villages qui s'étagent à tous les degrés sur les pentes verdoyantes des Montagnes du Matin.

Nous reconnaissons au loin Cottance et Balbigny, Panissières la tisserande, les coteaux de Cordelle, fameux par leurs vins, Violay, au pied du mont Boussièvre (1.004 m.), point culminant de la chaîne, Neulise, sur un plateau, Saint-Jodard et la façade blanche de son ancien séminaire. L'œil en devine d'autres encore qui se cachent dans le creux des vallons ou derrière le rideau des collines.

____

(1) Claude Javogues, né en 1759 à Bellegarde-en-Forez, fut commissaire de la Convention pour le district de Montbrison. Condamné à mort à son tour, il fut fusillé le 25 fructidor an IV,

La chaîne des Montagnes du Matin, orientée du nord au sud, limite à l'est le pays de Forez et sépare les eaux qui, par le Rhône et la Loire, se rendent à deux mers opposées! Par delà apparaissent, étincelantes de blancheur et comme flottantes sur la brume, les hautes cimes des Alpes, que domine au nord la masse imposante du Mont-Blanc (1).

____

(1) Le Mont-Blanc est en effet visible par-dessus les Montagnes du Matin, et à 250 kilomètres de distance, sur une hauteur qui varie avec la réfraction, mais qui reste voisine de 1,000 mètres.

CHAPITRE VI.

Les gorges du Lignon. — La Grotte des Fées. — La route de Saint-Georges-en-Couzan et la nouvelle route de Vaux.

A peine avons-nous détaché nos yeux de ce spectacle magnifique, que, sur la droite, les gorges sauvages du Lignon attirent bientôt notre attention et nous retiennent surpris au bord d'un précipice, dont nos regards osent à peine sonder la profondeur.

Tout en bas, le torrent se brise en écumant, contre les rochers qui entravent son cours et remplit la vallée d'une rumeur puissante et sans fin. Nous faisons silence pour écouter cette voix mystérieuse qui monte de l'abîme et dont la sauvage harmonie, pareille à celle des flots de la mer, berce étrangement notre oreille.

Voici, creusée dans le flanc de la montagne, la

fameuse Grotte des Fées (1), ou plus simplement la *Caco de lé Fayetes*, comme disent les bonnes gens du pays.

Au dire des légendes, de charmantes fées, au front couronné de perles, à la ceinture flottante, auraient fréquenté les bords du Lignon, dont elles aimaient la solitude et le mystère. Mais l'esprit sceptique et railleur de notre époque a méconnu leur puissance et troublé la paix de leur demeure. Aussi se sont-elles enfuies de ces lieux, qu'elles remplissaient naguère de leurs enchantements et qui n'offrent plus aux regards que des pentes rocheuses et stériles, où végètent çà et là quelques misérables pins aux formes rachitiques.

On raconte encore que « *la grotte communique par un souterrain avec un village assez éloigné et qu'un chat noir, c'est-à-dire un sorcier, fait chaque nuit ce voyage* »,

La route qui dessert Saint-Georges et la région montagneuse passe à mi-côte, en corniche sur le bord de l'abîme : elle disparaît à chaque tournant de la montagne, puis reparaît un peu plus loin en gagnant d'altitude. Les piétons et les voitures qui circulent là-bas, à trois cents pieds au-dessous de nous, semblent réduits à des proportions insignifiantes devant la souveraine majesté de ces lieux.

La nouvelle route de Vaux suit le fond même de la vallée, longeant la rivière ; mais elle est peu fréquentée, n'ayant pas encore de débouché du côté des montagnes.

------

(1) La Grotte des Fées est placée à 8 mètres au-dessus du fond de la vallée. Ses dimensions sont les suivantes : Longueur, 12 mètres, largeur, 7 m. 30 à l'entrée, 0 m. 30 au fond. Elle présente 5 m. 30 de hauteur à l'entrée, et 0 m. 50 à l'autre extrémité. (*Bulletin de la Diana*, t. VII, E. BRASSARD.)

Par cette ouverture de la muraille, les visiteurs se plaisaient naguère à lancer des pierres, les plus grosses qu'ils pouvaient trouver, à les voir bondir d'un rocher à l'autre, puis voler en mille éclats ou rouler sur la pente de la montagne jusque sur la grand'route.

Mais déjà le vertige nous saisit, notre vue se trouble ; nous remontons avec précaution la pente encombrée de pierres, dont quelques-unes, cédant sous nos pieds, roulent les unes sur les autres jusqu'au bord du précipice, puis sautent dans le vide.

CHAPITRE VII.

Historique du château. — Siège de Couzan par les Sarrasins (727). — 1ʳᵉ famille : les Damas-Couzan. — Les Croisades. — Rivalités féodales. — Brillants faits d'armes de Gui IV au siège de Bourges, à la bataille de Rosebecque. — Apogée de la gloire des Damas.

Après avoir exploré jusque dans leurs moindres détails le donjon et la citadelle, nous revenons sur la pelouse de la cour intérieure pour prendre quelque repos et échanger nos impressions. Puis, sur la pressante invitation de mes amis, je leur fais part des notes intéressantes que j'ai recueillies un peu partout sur les nobles sires de Couzan.

Une tradition fort respectable, leur dis-je, nous apprend que le haut de la colline s'entoura de très bonne heure d'une enceinte fortifiée et que, dès 727, bien avant l'apparition des chevaliers bardés de fer, la place subissait l'assaut des Sarrasins, qui ravageaient alors le pays.

Les habitants de Boën « *abandonnèrent leurs foyers dans la terreur qu'inspirait le nom de Sarrasins, et*

Le Donjon et l'Enceinte supérieure.

s'étant réfugies dans le château-fort, malgré la famine et les autres maux qu'un siège traîne après lui, ils tinrent assez longtemps pour lasser la patience des assiégeants... On en était réduit dans la place au dernier pain ; ce que voyant, le chef ne voulut pas le partager entre tant d'affamés, et dans un accès de désespoir, ne voulant faire aucun jaloux, le jeta dans le camp des assiégeants. Ceux-ci,

voyant ce pain qu'on leur avait jeté des remparts, pen-
sèrent qu'il y avait encore beaucoup de munitions et
abandonnèrent le siège. » (1)

Mais l'histoire véridique reste muette longtemps
encore, et ce n'est que bien plus tard que nous trou-
vons pour la première fois mention du château de
Couzan et de la famille de Damas dans un cartulaire
de Savigny de l'année 1110.

Ce document nous apprend qu'un plaid de justice fut
tenu en présence de HUGUES DALMAS Ier au château,
quod vocatur de Cosant, pour régler un différend survenu
entre lui et le prieur de Randan (près de Feurs), au
sujet de droits sur quelques églises du Forez, que dom
Ithier, abbé de Savigny, tenait de Hugues, archevêque
de Lyon (2).

Dès cette époque, Couzan appartient donc à la puissante famille de Damas et s'enorgueillit d'être la première des quatre baronnies (3) du Forez. La fière devise
de ses seigneurs, *Et fortis et fidelis,* nous dit assez leur
vaillance et leur fidélité et, sur l'or de leur blason, la
croix ancrée de gueules témoigne du sang versé par
l'un d'eux pour la délivrance des Lieux-Saints.

L'histoire raconte en effet que, pour récompenser le
courage du chevalier qui le premier mit le pied sur les
remparts de Jérusalem, Godefroy de Bouillon traça de
sa propre main et avec le sang du brave, *une croix de*

---

(1) Auguste BERNARD, *Histoire du Forez,* chap. III.

(2) Cartulaire de Savigny, p. 884, *De manso in molari.*

(3) Il n'y eut tout d'abord que quatre baronnies du Forez : Couzan, Cornillon, Ecotay, Saint-Priest, mais dans la suite ce nombre
s'accrut considérablement.

gueules (1) sur son écu, encore tout martelé des coups qui l'avaient frappé (2).

Plus tard encore, sous Louis VII, un autre seigneur de Couzan prit le chemin de l'Orient où il alla soutenir l'éclat et la renommée de sa maison. Malheureusement les renseignements contradictoires que j'ai recueillis sur ces deux seigneurs ne me permettent pas de vous donner leur nom d'une façon certaine.

HUGUES DALMAS II, son petit-fils, fut un grand batailleur devant l'Eternel, toujours en guerre avec ses voisins, avec Hugues de Rochefort en particulier, qui partageait avec lui la seigneurie de Saint-Georges en-Couzan.

En 1180, le comte Gui II, méditant de partir pour la 3e Croisade, fit construire le château de Cervières et conclut un contrat avec son feudataire, le sire de Rochefort, pour se garantir contre les entreprises du turbulent baron.

« *Moi, seigneur de Rochefort et le comte et son fils, y est-il dit, avons fait cet accord, que si le seigneur de Couzan veut inquiéter l'un de nous, l'autre devra lui prêter aide et assistance.* »

Hugues entra également en lutte avec Agnès de Maymont au sujet du château d'Olliergues, mais il mourut en 1190 avant d'avoir pu vider cette querelle.

Par son mariage avec Béatrix, fille unique et héritière de Robert III, vicomte de Châlon-sur-Saône et seigneur de Marcilly - en - Charolais, il avait singulièrement agrandi ses domaines.

___

(1) Le mot *gueules* vient de *gul* qui désignait la couleur rouge chez la plupart des Orientaux.

(2) *Histoire du blason*, EYSENBACK.

Le Château de Couzan vers 1470

(D'après un croquis conservé à la Bibliothèque Nationale.)

Son fils, HUGUES DALMAS III, lui succéda en 1190 et reprit sa querelle avec Agnès de Maymont. Le comte d'Auvergne, Robert V, les mit d'accord en 1195.

Jusqu'à cette époque, le seigneur de Couzan n'a pas encore prêté l'hommage féodal à son suzerain le comte de Forez. Ce n'est qu'en 1209 qu'il s'inclina enfin et rendit hommage pour son château de Couzan et pour celui de Chalain d'Uzore.

RENAUD DALMAS DE COSANT fut le premier qui prit le nom de seigneur *de Cosant*. Vers 1227, il eut à soutenir un siège de la part du sire de Beaujeu qui exigeait de lui l'hommage féodal. Mais sur l'intervention du comte de Forez, le sire de Beaujeu dut se retirer et renoncer à toute prétention sur Couzan.

Renaud fit hommage au comte Gui IV pour son château et sa châtellenie, le mercredi après la Toussaint, 3 novembre 1227, et renouvela cet hommage en 1233, pour ses châteaux de Couzan, de Sauvain (1), d'Urbize (2) et de Chalain d'Uzore.

Il eut entre autres enfants Henri de Damas, bailli de

------

(1) Sauvain. — La seigneurie de Sauvain, d'abord unie pendant de longs siècles à la baronnie de Couzan, passa en 1657 des mains de Louis de Saint-Priest à celles de Jean de Luzy, dont un des héritiers, Louis de Luzy, la revendit en 1772 aux Mathon de Sauvain et de la Cour, qui le conservèrent jusqu'à la Révolution. Le château a été reconstruit depuis dans le style moderne. Il appartient aujourd'hui à M. Lépine, préfet de police à Paris.

(2) Urbize. — Au-dessus du village, on remarque encore un tertre circulaire en terre rapportée, de 6 à 7 mètres d'élévation, de 8 à 9 mètres de rayon et entouré d'un fossé. C'est tout ce qu'il reste de l'ancien château féodal dont le souvenir même s'est perdu depuis longtemps. Du haut de ce tertre, la vue s'étend à l'infini sur les verdoyantes prairies du Bourbonnais.

Mâcon, Jean de Damas, évêque de la même ville, et
Gui de Damas qui épousa Dauphine de Lavieu et qui
lui succéda.

GUI Ier DE COUZAN concéda vers 1250 aux habitants
de Boën une charte de franchises, imitée de celle de
Montbrison. GUI II mourut sans postérité vers 1273.
RENAUD II continua la ligne directe des Damas-Couzan,
tandis que Robert, son frère, devenu par héritage
seigneur de Marcilly-en-Charolais, fonda la dynastie
des Damas de Marcilly (1). HUGUES IV succéda à
Renaud II et mourut après 1310.

AMÉE ou AMÉDÉE DE COUZAN, fils de Hugues, fut
le premier signataire d'une confédération conclue entre
les nobles du Forez et ceux de Champagne, pour
s'opposer à l'émission de la fausse monnaie et aux
subventions arbitraires levées par Philippe-le-Bel.

Il obtint en 1320, du roi et du comte de Forez, l'auto-
risation de clore de murs la ville de Boën. Il mourut
vers 1325, laissant pour héritier HUGUES V qui, par

---

(1) La branche de Marcilly, la plus illustre de celles qui se
détachèrent du vieux tronc des Damas, disparut en 1748 avec
Antoine-François de Damas de Marcilly.

Elle avait poussé à son tour de nobles rejetons, tels que les
marquis de Thianges, les comtes de Chalancey. Du rameau
de Thianges est sorti celui d'Antezy et de celui-ci le rameau des
Crux, qui nous a donné un duc et deux pairs de France.

Mme la baronne de la Madeleine hérita de la seigneurie de
Marcilly dont elle se défit au moment de l'émigration. Du vieux
château féodal, il ne reste plus que la grosse tour et quelques
murailles où se voit encore la croix ancrée des Damas. Ces
augustes débris appartiennent aujourd'hui à M. le capitaine
Marchal, du 106e d'Infanterie.

son mariage avec Alix de la Perrière en 1343, acquit la moitié des seigneuries de Roanne et de Saint-Haon.

Par une transaction en date du 2 juin 1327, Hugues de Couzan vide sa querelle avec Eustache, seigneur de Rochefort, au sujet de la justice sur un certain nombre de hameaux, parmi lesquels ceux de Lijay et du Pra, sur la rivière du même nom. Presque tout le territoire actuel de la commune est attribué au seigneur de Couzan.

En 1333, Hugues V consent enfin à rendre hommage pour ses divers châteaux, mais non sans formuler cette restriction : *Salva legitate et fidelitate quibus primo tenetur domino regi Francorum*, sauf la fidélité due en premier lieu au seigneur roi de France.

A la mort de Charles VI le Bel, les prétentions d'Edouard III à la couronne de France déchaînent la désastreuse guerre de Cent Ans qui devait mettre « grande pitié au royaume de France ». L'héritier du trône de Saint-Louis, réduit à n'être plus que « *le petit roi de Bourges* » adresse un suprême appel aux grands du royaume et les convie aux marches de Blois et de Touraine, pour repousser l'envahisseur.

GUI IV, n'écoutant que son patriotisme, lève aussitôt une petite armée, chevauche à travers nos provinces en deuil et rejoint à Bourges l'armée royale.

Mais bientôt les Anglais paraissent devant la ville : les voilà même qui se répandent dans les faubourgs. Déjà des flammes s'élèvent des premières maisons. Le salut et l'honneur réclament une sortie vigoureuse. En effet « *il y eut*, dit Froissart, *grand escarmouche à l'une des portes ; et là furent bons chevaliers, de ceux de*

*dedans, le sire de Cousant et messire Hutin de Vér-
meilles »* (1). Enfin, « *par maintes appertises d'armes* »,
Bourges est délivré et voit s'éloigner les soldats de la
fière Albion.

Chalain d'Uzore. — L'Eglise et le Château.

En 1359, Gui IV prend part à la campagne d'Auvergne pour prévenir les incursions des Anglais et couvrir
le Forez.

Nous le voyons sortir de son château de Couzan
avec une suite, ou plutôt un corps d'armée, qui se
composait de 4 chevaliers bannerets, 50 chevaliers
simples ou bacheliers, 383 écuyers, 400 archers à
cheval et de 800 sergents à pied, et rejoindre à Cler-
mont l'armée royale.

---

(1) *Chroniques de Froissart*, édition Buchon, 1824, t. III, p. 161.

Malgré son courage il fut fait prisonnier, et pour payer sa rançon le roi dut verser 942 *moutons* d'or.

En 1382, il mit sa vaillante épée au service du duc de Bourgogne et se battit à Rosebecque contre les Flamands révoltés.

Tant de vaillance lui avait attiré l'estime du roi au point qu'il reçut successivement de lui en 1385 le titre de grand échanson, en 1386 le titre de souverain maître d'hôtel, et en 1401 le titre de grand chambellan, avec 2.000 livres de pension. Il était devenu un personnage considérable, et nous savons même qu'il assista au conseil que le roi tint au Parlement le lundi 10 avril 1396.

Monseigneur de Couzan, comme on l'appelait, habitait presque continuellement à Paris, mais pour faire figure à la Cour, il fut obligé d'aliéner plusieurs de ses seigneuries.

HUGUES VI, son fils et son successeur, fut échanson du roi. Il brisait les armes paternelles d'une fleur de lys au premier canton de la croix. GUI V, petit-fils de Gui IV, étant mort sans postérité, tous ses biens passèrent à leur sœur Alix de Couzan.

Cette illustre famille de Damas (1), que nous avons

____

(1) « L'humeur aventureuse des Damas-Couzan, dit un historien forézien, persista jusque dans leurs derniers descendants, qui guerroyèrent partout. On retrouve des Damas avec Lafayette en Amérique, avec Louis XVI à Varennes, et avec Louis XVIII à Gand. Un Damas prit du service en Russie contre les Turcs, commanda la légion Mirabeau à l'armée de Condé et fit dans l'État de Naples une vaillante retraite. »

Les nombreuses branches de la maison de Damas disparurent les unes après les autres dans un rayon de gloire. Une seule d'entre elles est venue jusqu'à nous. Elle est représentée par M. le comte de Damas de Cormaillon, qui par les comtes d'Anlezy, les marquis de Thianges et les seigneurs de Marcilly, se rattache à la brillante lignée des Damas-Couzan.

trouvée glorieuse et puissante dès la fin du xr° siècle, ne connut ni les infidélités de la fortune, ni la décrépitude d'une existence déjà longue. Elle disparut alors que sa gloire venait d'atteindre à son zénith, laissant aux familles qui suivirent une renommée de vertus chevaleresques bien lourde à soutenir.

CHAPITRE VIII.

2ᵉ famille : les Lévis. — Mariage d'Alix de Couzan avec Eustache de Lévis. — La Renaissance et Gabri·l de Lévis. — Jacques de Lévis et la Ligue.

Les Lévis se montrèrent dignes de recueillir l'héritage des Damas. Ils étaient originaires de la terre de Lévis-en-Hurepoix, près de Chevreuse. Eux aussi avaient fait le voyage de Terre-Sainte, puis ils s'étaient signalés dans les guerres des Albigeois. En récompense de leurs services, Simon de Montfort leur avait donné la seigneurie de Florensac, d'où le nom de Lévis-Florensac que porta dès lors l'une des branches les plus illustres de cette famille.

EUSTACHE DE LÉVIS, deuxième fils de Philippe de Lévis-Florensac et d'Alix de Quélus, épousa, en 1421, damoiselle Alix, sœur et héritière de Gui de Couzan.

Outre la baronnie, la dot d'Alix comprenait les seigneuries de La Motte, La Forest, Boisy, Nervieux, plus la moitié de Roanne et de Saint-Haon-le-Châtel.

Les Lévis ne portèrent d'abord que la croix ancrée des Damas selon l'usage féodal, qui imposait au mari de l'héritière d'une maison l'obligation d'en prendre les armes et souvent le nom.

En 1447, Alix et son mari vendirent à noble Jacques Cœur, « *l'argentier du roi* », toutes leurs propriétés du Roannais moyennant 12.000 livres tournois.

Eustache fit hommage en 1452 et passa, la même année, une transaction avec les religieuses de Leigneux pour ce qu'il possédait dans la *dixmerie* de la Fenouille.

Alix survécut à son mari et occupa l'interrègne de 9 années qui s'écoula depuis sa mort jusqu'à l'avènement de son fils aîné. Elle eut douze enfants dont les plus célèbres furent Philippe et Eustache (1) qui se succédèrent sur le siège épiscopal d'Arles, moururent à Rome tous les deux à 14 ans d'intervalle et furent ensevelis dans le même tombeau, et Gui de Lévis, seigneur de Quélus, qui forma la branche de ce nom, éteinte en son arrière-petit-fils, Jacques de Lévis, un des mignons de Henri III et qui mourut en 1578, à la suite des 19 blessures reçues dans son duel avec d'Entraguet.

---

(1) Philippe de Lévis naquit le 4 novembre 1435, fut nommé archevêque d'Auch en 1454 avec dispense d'âge, puis d'Arles en 1462 et créé cardinal le 7 mai 1473. Il mourut à Rome le 4 novembre 1475.

Eustache, son frère, fut d'abord abbé de Montmayeur, puis archevêque d'Arles après son frère, en 1475. Il mourut également à Rome en 1489.

JEAN DE LÉVIS-COUZAN, fils aîné d'Alix, qualifié *li noble escudey*, ou le noble écuyer, dans un acte de 1453, devint seigneur de Couzan en 1469. Vers 1471, il permit à Pierre Chaize de construire un four banal à Boën.

Il avait épousé en premières noces Marie de Lavieu, fille de Jacques, seigneur de Feugerolles, de Curaise, de Chalain-le-Comtal, etc. Un acte de l'époque nous apprend qu'il possédait une partie des jasseries de Pierre-sur-Haute, de la Chault, de Rognat, « *consistant en prés, bruyères, pâquis et bois, situés en la paroisse de Saulvaing.* »

Il testa en 1494, en faveur de **GABRIEL DE LÉVIS-LAVIEU.** Celui ci reçut en 1507 d'Anne de France, duchesse douairière et comtesse usufruitière du pays de Forez, l'office de bailli et la charge de capitaine des château, ville et mandement de Montbrison et présida en cette qualité, le 15 décembre 1517, l'assemblée des trois Etats du pays et comté de Forez.

Après la bataille de Marignan, qui met fin aux guerres d'Italie, les chevaliers français repassent les Alpes et nous rapportent, avec des lauriers cueillis dans les plaines lombardes, un enthousiasme sans précédent, pour les chefs-d'œuvre des Grecs et des Romains.

Les Lévis-Couzan s'éprennent à leur tour des beautés artistiques de la Renaissance, et, rivalisant de magnificence avec les d'Urfé, font aménager, non loin de la Bastie, leur beau château de Chalain d'Uzore.

On y admire encore à l'entrée principale un beau portail ionique, et à l'aile orientale, une superbe galerie formée d'arcades en anse de panier, encadrée par des

Pierre tumulaire de Gabriel de Lévis.

Pierre tumulaire d'Anne de Joyeuse.

pilastres corinthiens. A l'intérieur, la grande salle, décorée dans le goût de l'art italien, est restée telle qu'elle était au temps des seigneurs.

C'est dans la chapelle du château, devenue aujourd'hui l'église paroissiale de Chalain, que Gabriel de Lévis voulut dormir son dernier sommeil, aux pieds de sa loyale amie et épouse, Anne de Joyeuse (1).

Il mourut dans sa charge de bailli de Forez, en 1535, sans laisser d'enfants.

CLAUDE 1er DE LÉVIS, son neveu, lui succéda. Il possédait à Boën un pressoir banal en qualité de seigneur de cette ville, et quand le seigneur de Chalmazel voulut établir pour son usage un pressoir dans son fief de Chauzieu, Claude lui intenta un procès et obtint gain de cause. Il mourut vers 1560, dans l'hôpital de Champdieu, dont les sires de Couzan étaient les protecteurs.

Son fils, JACQUES DE LÉVIS, lui succéda au moment où les guerres de religion faisaient en France leurs premières victimes. Le fléau se propagea comme une traînée de poudre. Bientôt le pays tout entier fut en proie à des luttes fratricides, sa foi religieuse et sa foi politique abandonnées au hasard des batailles. Le Forez ne fut pas épargné.

Après sa défaite à Moncontour, l'amiral de Coligny dit à ses compagnons : « *Allons plumer les oisons du Forez* », et bientôt le pays « *fut grandement travaillé,*

____

(1) Les pierres tumulaires de Gabriel de Lévis et d'Anne de Joyeuse, son épouse, ont été mises à jour à Chalain-d'Uzore, le 7 juillet 1910, par les ouvriers occupés à la réfection du dallage de l'église.

forcé, investi, rançonné, brûlé et affligé de toutes sortes de cruautés » par les huguenots du Vivarais, aux ordres de Saintres et de Chambaud.

Ceux-ci s'emparèrent d'abord de Saint-Etienne, puis remontant la plaine, ils saccagèrent les *villottes* ou petites villes du Forez : Saint-Galmier, Boën, Saint-Germain, Laval, mais Montbrison, défendu par Jacques d'Urfé, Chevrières et le baron de Couzan, résista victorieusement (1589).

Pour retenir le baron de Couzan dans son camp, aux côtés des d'Apchon et de Saint-Priest, Anne d'Urfé, qui était le chef de la Ligue dans le Forez, écrivait au mois d'octobre 1590 aux échevins de Lyon :

« *Messieurs, suivant ce que je vous ay cy-devant mandé touchant Monsieur de Couzant, je vous supplie encore un coup, bien humblement, de le voulloir bien attirer, carresser et honorer comme il le mérite... Vous savez qu'il est seigneur de respect et des plus vieux capitaines de France* (1). »

Le valeureux baron faillit périr dans une embuscade, comme nous l'apprend une lettre de son ami, M. de Chevrières, en date du 24 décembre 1594 :

« *M. de Couzan a failli estre tué ; lui avait-on tendu deux embuscades, dont l'un des siens a esté tué, son frère donné prisonnier.* »

L'abjuration du roi Henri IV, en apaisant les consciences catholiques, désarma enfin tous les bons Français (1594).

Jacques avait dépensé presque toute sa fortune dans ces luttes intestines. Pour se procurer de l'argent, qui

----

(1) A. Bernard, *Les d'Urfé*, Archives départementales.

était bien alors comme aujourd'hui le vrai nerf de la guerre, il se vit obligé de commencer le démembrement de la seigneurie de Couzan.

Le patrimoine ainsi diminué ne fit que passer dans les mains de BALTHAZAR DE LÉVIS, son fils aîné, pour tomber ensuite dans celles de CLAUDE II DE LÉVIS, son second fils. Mais ce dernier ne porta probablement pas le titre de baron de Couzan. Un procès gagné par son beau-frère, Louis de Saint-Priest, lui arracha la baronnie de Couzan, ainsi que tous ses fiefs du Forez.

L'infortuné baron se retira alors dans ses possessions de Bourgogne.

CHAPITRE IX.

3e famille : les Saint-Priest et Chalus. — Revers de fortune et démembrement de la baronnie de Couzan. — 4e famille : les Luzy-Pélissac. — 5e famille : les Thy de Milly.

Louis de Saint-Priest, marquis de Saint-Priest et seigneur de Saint-Étienne, appartenait à cette illustre famille de Saint-Priest qui s'était signalée par son opiniâtreté durant les guerres de religion. N'avait on pas vu en effet deux de ses membres, deux frères, mais de parti opposé, lutter l'un contre l'autre et se renvoyer la mort avec une farouche énergie.

Louis avait épousé, en premières noces, Marguerite de Lévis, qui lui avait apporté, outre la baronnie de Couzan, les terres de Champs et de Chalain d'Uzore, plus 20.000 écus des droits de sa mère.

Cette troisième famille ne sut pas soutenir l'éclat de

ses deux aînées. Avec Louis de Saint-Priest, le démembrement de Couzan, commencé par Jacques de Lévis, se poursuivit d'année en année. Il dut vendre successivement à André Paparel sa seigneurie d'Arthun et différents droits sur la ville de Boën, au prix de 24.000 livres, à Gilbert de Rivoire le château et seigneurie de la ville et prévôté, les faubourgs et villages d'Argentier, le Mas, la Chault, la « *net* » d'Arthun, etc., pour la somme de 84.000 livres tournois et 440 livres d'épingles, à messire Claude de Luzy, baron de Quérières, sa terre de Chalain d'Uzore, etc...

A travers cette énumération de ventes successives, ne vous semble-t-il pas entendre tinter le glas funèbre de l'illustre baronnie !

Malgré un second mariage avec Isabeau de Larochefoucault, il n'eut pas d'enfants. Une vie de débauches avait usé sa vie et sa fortune. L'héritier des fiers barons de Couzan mourut, en 1655, à Saint-Etienne, sur une botte de paille, après avoir donné tous ses biens aux enfants de sa sœur Antoinette, dame de Chalus et d'Orcival.

GILBERT DE CHALUS, son neveu, lui succéda. C'était un brillant cavalier, mais aussi un jeune homme dissipé et aventureux. Deux arrêts du Parlement le condamnèrent, lui et son frère, à porter leur tête sur l'échafaud « *pour avoir terni la gloire de leur maison* », et « *les coups de foudre, qui à cette époque vinrent frapper leur château, furent regardés par le peuple comme des signes certains de la réprobation céleste* » (1).

Pour faire face à ses folles dépenses, Gilbert avait

____

(1) Le Laboureur.

vendu, dès le 16 octobre 1636, la baronnie de Couzan à Jean de Luzy-Pélissac, qui prit pour lui et pour ses descendants le nom de Luzy de Couzan.

Ce JEAN DE LUZY appartenait à une famille de petite noblesse et de bourgeois, venue du Bourbonnais. Il descendait au 10e degré de Pierre de Luzy et d'Hélène Talaru-Chalmazel. Il mourut vers 1670.

Son frère CLAUDE lui succéda et fit hommage le 3 janvier 1674 de Couzan, La Valla, Saint-Didier-sous-Rochefort, Saint-Just-en-Bas et des rentes nobles de Siergues. Claude laissa, entre autres enfants, IMBERT DE LUZY, marquis de Couzan. Les écrits de l'époque nous disent de lui, pour tout éloge, qu'il avait « *cinq mille francs de rentes, mais beaucoup de dettes* ». JUST DE LUZY, qui lui succéda vers 1729, mourut sans postérité.

BALTHAZAR vint ensuite, puis LOUIS DE LUZY qui épousa Mlle de Rochemore d'Aigremont et fut le dernier de la dynastie des Luzy-Couzan.

En 1794, Marthe-Catherine de Luzy, fille et héritière de Louis de Luzy, apporta en dot le château de Couzan à M. le comte de THY DE MILLY (1), dont les descendants le possèdent encore aujourd'hui.

---

(1) Les Thy de Milly, d'origine bourguignonne, étaient bien dignes de recueillir l'héritage des nobles sires de Couzan. Ne s'étaient-ils pas distingués, tout comme les Couzan de la première race, à l'époque des Croisades ?

A la bataille de la Massoure (Mansourah), trois de Thy faisaient partie de la troupe du duc d'Anjou, frère du roi. N'écoutant que son courage, le comte s'avança trop loin dans l'armée sarrasine. L'étendard royal fut pris. Deux de Thy furent tués en cherchant à le reprendre, le troisième fut assez heureux pour le rapporter au roi, qui lui donna le droit de porter une fleur de lys d'or dans ses armes et de prendre pour devise : *Fidelis, sed infelix*, en récompense de ce service.

CHAPITRE X.

**Visions du passé. — Grandeur et décadence. —
Intérêt historique et archéologique du château
de Couzan.**

Dans cette vaste enceinte, où tout nous parle du
passé, nous évoquons à plaisir les scènes les plus
émouvantes de la vie féodale.

Quelle activité fébrile lorsque, du haut de la grande
tour, le guetteur signalait, à son de trompe, l'approche
de l'ennemi ! qu'à la voix du baron, le pont-levis se
relevait avec un bruit de chaînes, que des remparts,
des tours, des meurtrières, archers et arbalétriers
faisaient tomber sur les assaillants une grêle de traits !
Quelle mélancolie lorsque, par les nuits étoilées, la
noble châtelaine venait s'asseoir sur le siège de pierre,
s'accouder dans l'embrasure de la fenêtre, et, les yeux
fixés sur l'Orient, rêver aux prouesses de son mari aux
champs de Palestine ! Quel parfum d'exquise poésie
lorsque, là-haut sur les créneaux, quelque jouvencelle,
toute souriante, s'appuyant d'une main à l'angle de la

muraille, de l'autre agitait un de ses voiles comme pour répondre au son du cor qui lui envoyait à travers la vallée l'hommage de son fiancé !

Une poésie sauvage se dégage de ces murailles toutes pétries de souvenirs, et nous nous sentons comme

Le Château, vu des Goutards.

écrasés par la grandeur du passé qu'elles rappellent. Notre présence même en ces lieux nous étonne et nous effraie. Nous nous attendons à voir tout à coup surgir devant nous, couvert de sa pesante armure, quelque paladin attardé, à entendre résonner une fois encore, dans la solitude des cours et des corridors, le pas des archers rentrant d'une expédition.

Le vol effarouché d'un oiseau de nuit, s'envolant à grand bruit d'ailes, d'une crevasse d'un mur, nous rappelle enfin à la réalité. Depuis longtemps, le bruit des armes a cessé dans la forteresse déserte et les guerriers bardés de fer sont partis pour un pays, d'où l'on ne revient pas.

Adieu les soirées, les joutes et les tournois ! Adieu toutes ces réjouissances féodales où le manoir se parait d'oriflammes aux mille couleurs et frémissait de l'éclat de cent trompettes. Ses murs délabrés n'ont plus, pour toute parure, que le feuillage sombre du lierre dont nous venions, dans notre jeune âge, détacher des rameaux pour en tresser des couronnes funèbres. Un silence de mort plane sur cette solitude. Tous les échos sont assoupis. C'est à peine si de loin en loin ils se réveillent, pour renvoyer le bruit sourd d'un pan de mur qui s'écroule.

Parfois cependant, des bandes noires de corbeaux viennent tourner en croassant au-dessus de ces ruines désolées, pour s'abattre ensuite sur les chaumes voisins. Parfois aussi, le vent, qui fait vibrer les sapins du Vimont et de Pierre-sur-Haute, vient mugir dans l'embrasure des créneaux, dans les brèches des murailles, et sa mélodie sauvage vous pénètre comme le refrain d'une antique romance.

En proie à ces pensées, nous descendons mélancoliquement vers la porte du château, tout en jetant aux échos des murailles les vers de ce quatrain, qu'une main malicieuse a crayonnés un peu partout, sur le bois et la pierre :

> Dans ces murs orgueilleux, où jadis l'esclavage,
> Dans sa serre d'airain pressait la liberté,
> Le servage n'est plus ; seuls la foudre et l'orage
> Y mugissent encor, mais le monstre est dompté !

Sans doute, le vieux château, abandonné aux vents et à la pluie, a perdu beaucoup de son intérêt. On ne vous y montrera pas, comme au château de Bouillon (1), ce pont-levis jeté d'un rocher à l'autre par-dessus un abîme, ni cet escalier en spirale creusé dans le granit, ni ces chambres à stalactites aux parois ruisselantes d'humidité, ni enfin ce puits si profond qu'une pierre qu'on y jette heurte longtemps ses parois avant de produire, au contact de l'eau, un bruit assourdissant, pareil à la détonation d'une pièce d'artillerie.

Néanmoins le château de Couzan a mérité d'être classé parmi nos *monuments historiques*, à cause de la grandeur des souvenirs qu'il rappelle et des renseignements qu'il fournit sur l'architecture militaire au moyen-âge.

De plus, par sa forte position sur un rocher à pic, à la rencontre de deux vallées, il devient un but de promenade très apprécié, et nombreux sont les touristes qui, dans la belle saison, gravissent la colline pour admirer en détail ses ruines grandioses, jouir d'une vue magnifique sur la plaine du Forez et contempler, par les temps clairs, la longue chaîne des Alpes, toute blanche de neige.

(1) Le château de Bouillon, en Belgique, sur un rocher à pic qui domine la ville de Bouillon et entre, comme l'étrave d'un navire, dans les eaux de la Semoy. Le souvenir du célèbre Godefroy et l'appareil terrifiant d'un château féodal resté à peu près intact, y attirent chaque année de nombreux visiteurs.

CHAPITRE XI.

Le château de Couzan, modèle de l'architecture militaire de l'époque féodale. — Constructions de diverses époques. — Curieux aspect des ruines féodales.

La partie la plus ancienne du château paraît être la tour carrée adossée au côté nord de l'enceinte supérieure.

Cette tour, éventrée comme par un coup de bélier, présente encore trois de ses murailles en grande partie ruinées, la quatrième s'est écroulée et ne forme plus qu'un amas informe de pierres recouvert de ronces. Ses angles arrondis et sa disposition en arête de poisson accusent les caractères du xie siècle.

Néanmoins, le rempart à l'Ouest, avec ses baies étroites à plein cintre, remonte sans doute à l'époque carolingienne, ainsi que la haute tour carrée en ruines qui le termine.

Le donjon a été construit au xiie siècle, au retour des croisades. Par sa forme cylindrique, il rompt avec les traditionnelles tours carrées ou rectangulaires élevées jusqu'alors. D'autres parties contiguës de l'ancienne citadelle n'ont été élevées qu'au XIVᵉ siècle, pendant la guerre de Cent-Ans.

'Les bâtiments à droite de la porte d'entrée datent seulement de la Renaissance, témoin les moulures de cheminée, les accolades et les encadrements de porte du plus pur style italien.

Vers la fin du XVIᵉ siècle, à l'époque des guerres de religion, la forteresse fut renforcée, au nord-ouest, d'une sorte de bastion avancé, propre à l'usage de l'artillerie.

Depuis lors, la vie se retire peu à peu du bruyant manoir, Richelieu l'épargne à cause de la fidélité éprouvée de ses seigneurs, et durant la Révolution, nulle revendication ne vient troubler le silence du château abandonné.

Malgré les ravages du temps, le vieux château a encore, de loin, fort belle apparence. La perspective joue avec ses lignes sévères et lui fait prendre tour à tour les formes les plus fantastiques.

Aux regards du touriste qui arrive par la route neuve de Saint-Martin-les-Côtes, la citadelle apparaît soudain perchée comme un nid d'aigle sur un rocher inaccessible, du haut duquel elle commande la vallée du Lignon.

À un certain détour de la route, la vallée s'élargit et le tableau qui s'offre alors aux regards est superbe.

Au premier plan, des prairies verdoyantes à travers lesquelles bondit le flot écumeux du torrent et resserrées entre deux rangées de montagnes aux pentes abruptes, hérissées de rochers prêts à se détacher de leur base et à rouler dans l'abîme, aux sommets couverts de cultures ou de pâturages — contraste singulier qui fait de ce coin du pays une petite *Suisse forézienne* — tandis qu'au loin, sur son gigantesque socle de granit et auréolé de plusieurs siècles de gloire, le vieux château féodal se projette solennellement dans l'échancrure de la vallée. Le rocher nu et grisâtre semble ne percer le flanc de la montagne que pour porter, haut dans les airs et hors de toute atteinte, le fier manoir des sires de Couzan.

Aperçue du hameau des Goutards, l'antique forteresse fait encore bonne figure avec ses murailles crénelées, non encore trop ravagées, mais plutôt brunies par les siècles. Un pan de mur, qui se détache de la dentelle des créneaux, découpe sur le ciel la silhouette d'un moine à capuchon, capucin ou franciscain, avec tant de netteté que l'on s'attend à la voir quitter son impassibilité et se mouvoir sur le faîte des murailles.

Du côté nord, le château dissimule sa base de granit sous la ramure d'un petit bois de pins et sous la lourde masse des constructions, mais il a néanmoins grand air avec sa ceinture de murailles enserrant le merveilleux assemblage de tours, de créneaux, de pans de mur qui s'élèvent droits et effilés comme des obélisques.

Cette masse imposante surmonte magnifiquement le faîte de la colline et le donjon colossal, tout à l'heure invisible, harmonise maintenant l'ensemble du formidable château-fort.

CHAPITRE XII.

L'ancien village et la chapelle de Couzan. — Le retour à Sail. — La sortie des ouvriers de la Cie des Eaux de Couzan — Plaisirs champêtres sur les bords du Lignon.

Le croquis de G. Revel nous montre encore, en dehors de l'enceinte, quelques maisons qui semblent se serrer les unes contre les autres et rechercher la protection des murailles du château. C'étaient de pauvres cabanes, mal éclairées par une fenêtre unique le plus souvent, et qu'habitaient serfs, manants et vilains.

De l'ancien village, l'abside seule d'une chapelle romane est venue jusqu'à nous. Des murs qui sortent encore de terre nous permettent cependant de juger des proportions de l'édifice primitif.

Edifié au xiie siècle par la générosité de la famille de Damas, ce sanctuaire a été agrandi au xve siècle d'une petite chapelle de style ogival, appuyée sur sa droite, Placé d'abord sous le vocable de Saint Saturnin, il est resté église paroissiale jusque vers le XVe siècle, l'église actuelle de Sail n'étant alors que la chapelle d'un prieuré de Bénédictins, fondé au XIIe siècle par les sires de Couzan, dans les locaux occupés aujourd'hui par M. Moreau.

La Chapelle de Couzan.

Cette chapelle vénérée a entendu, au cours des âges féodaux, les vœux les plus secrets des seigneurs et des vilains, et de nos jours encore, au 8 septembre de chaque année, la clochette du beffroi tinte joyeusement, invitant les fidèles à venir déposer leurs vœux aux pieds de Notre-Dame de Couzan.

Introduisant une légère variante dans notre itiné-

raire, nous dévalons par un mauvais chemin, abrupt
et rocailleux, qui nous fait passer au pied d'une statue
colossale de la Vierge et nous ramène bientôt au village,
en abrégeant nos pas.

Soudain, le bruit strident d'un sifflet d'usine déchire
l'air et presque aussitôt le sol retentit sous les pas des
trois cents ouvriers de la Cie des Eaux de Couzan, qui
se rendent en hâte dans leur famille pour le repas de
midi.

La sortie des ouvriers donne, pendant quelques instants, au paisible village, une physionomie particulière-
ment animée. Hommes, femmes, enfants s'échappent
en désordre, au premier signal, des immenses ateliers,
tout en échangeant au gré du hasard leurs propos
enjoués. Cette foule, hâtive et bruyante, se fractionne
bientôt à chaque croisement de rues, à chaque carre-
four en groupes de moins en moins compacts, qui
vont porter un peu de vie et d'animation jusque dans
le dernier quartier du village.

Les places publiques et les *Promenades*, tout à
l'heure presque désertes, se sont remplies de prome-
neurs, de *bureurs d'eau*, comme on dit ici, bourgeois
des villes, attirés par la douce tranquillité du pays et
par les propriétés médicinales de sa *fontfort*.

> . . . . la piquante boisson
> Qu'aiguisent mille sels qu'un léger gaz amorce. (1)

-----

(1) DE LAPRADE, *Pernette*. — Sail-sous-Couzan compte aujour-
d'hui plusieurs sources d'eau minérale exploitées. La plus ancienne de ces sources est celle dite *de la commune* : elle jaillit
au quartier de la Fontfort.

Des médailles antiques, découvertes dans son bassin, attestent
qu'elle fut connue et exploitée par les Romains. Perdue durant
tout le moyen-âge, elle ne fut retrouvée qu'en 1612, par le docteur
de la Roue.

Une délicieuse fraîcheur règne à l'ombre des tilleuls, permettant à chacun de se livrer sans fatigue à ses jeux favoris. Ici des garçonnets en tricot marin, des fillettes en jupes courtes, jouent au cerceau ou à la marelle ; plus loin, des dames et des jeunes gens rivalisent d'adresse et de belle humeur dans une partie de croquet, pendant qu'assis sur les bancs de pierre, l'âge mûr discute gravement les nouvelles du jour.

Mais le Lignon a toutes les préférences des étrangers, qui s'en vont chercher, le long de ses rives, la solitude et le repos. Tout en défilant par l'étroit sentier à travers les prairies, nous apercevons, de distance en distance, des groupes joyeux de parents ou d'amis, nonchalamment étendus sur le gazon ou s'offrant le délicat plaisir d'un déjeuner champêtre. Ailleurs, des bambins s'attardent à faire ricocher à la surface de l'eau des galets plats, habilement lancés, ou à équilibrer sur des fourches de bois de petits moulins ou *virets*, dont les palettes, poussées par l'eau vive, tournent gentiment sur leur axe, en projetant des perles de diamant.

Nous rentrons enfin à la ville, quelque peu fatigués du voyage, heureux néanmoins d'avoir accompli ce pélerinage de piété filiale au vieux château féodal, dont les murailles croulantes et les tours en ruines redisent encore, avec des accents d'épopée, les héroïques vertus de nos pères.

TABLE DES GRAVURES

TABLE DES MATIÈRES

CHAPITRE XII.

L'ancien village et la chapelle de Couzan. — Le retour à
Sail. — La sortie des ouvriers de la Cie des Eaux de
Couzan, Plaisirs champêtres sur les bords du Lignon.   77

CHALONS. — IMP. A. ROBAT.